huch, hier hat es ne leere seite…. jupp denn hier kommt deine widmung rein und meine unterschrift wenn du magst kannst du mir ja schon ein teil der arbeit abnehmen und was nettes über dich hier rein schreiben
und wenn du das liest und es ein ebook ist………..
sorry, die unterschreib ich nicht

roberto scilingo

gedanken-gut für jeden tag

meine schönsten zitate

©2013 text, idee, layout :   roberto scilingo

leck-to-rat   :   rob-er-to 1-x-ig+out-tentisch ☺

©2013 cover by salvatore de vito

www.devito.net

Herstellung und Verlag: BoD – Books on Demand, Norderstedt

ISBN: 9783732242443

*h*eut abend, will ich einfach sein
ohne mir fragen zu stellen,
ohne gross an etwas zu denken
diesen moment der ruhe, in mir aufnehmen
und in dankbarkeit verweilen
egal was gestern war
egal was morgen sein könnte
... meine gedanken runter fahren
mich vom verstand entfernen (dass denken wahrscheinlich eh schon viele leute von mir, hihi)
und mich auf mein herz konzentrieren
meinem herzschlag folgen,
meinen atem fühlen
mich wieder zu meiner inneren mitte zu bewegen
gedanklich in den fluss des lebens zu stellen
das wasser an mir vorbei ziehen lassen
und in diesem augenblick, der sich wie eine ewigkeit anfühlt verweilen
den wind in meinem gesicht spüren,
alles was zu mir kommen will,
in mein leben einladen
und alles was meine entwicklung bremst,
durch meine füsse hinduch in den fluss fliessen lasse
so dass es sich von mir entfernen kann
ohne mir dabei gedanken zu machen, was tut mir gut
was schadet mir, fühle meinen herzschlag, dass wasser das durch mich fliesst und den wind der mir entgegen kommt............
und verbleibe in tiefer dankbarkeit

*e*s sind diese momente,
wo dein herz einfach so, zu hüpfen beginnt, du dich freust, ohne tieferen grund, du ganz tief in dir , einfach nur dankbarkeit fühlst.........
vergessen , was dir manchmal vielleicht schwer vorgekommen ist, das ist das wahre leben, das sind glücksmomente
in denen man einfach in stiller freude vor sich sitzt, alles (unwichtige) ist vergessen , und doch ist alles soooooooo präsent.

und was lernst du daraus

es braucht nichts, nicht mal einen grund, um glücklich zu sein, sich gut zu fühlen

denn meist ist es eher belastend, wenn man nach einem grund sucht, sich zu freuen...........

und freude, oder ein lächeln kann so anstecked sein

lass und eine runde lächeln oder freuen, einfach so, ohne grund.............

erinnere dich (wieder)
daran, es gibt gute und
andere tage und jeden tag,
hat man die gelegenheit
sich was gutes zu tun
lieb dich so, wie du bist
hab keine angst vor der
zukunft versuch den
augenblick zu geniessen,
so wie er gerade ist

*f*rag dich nicht, ob dich die leute so mögen wie du bist

sei dankbar so zu sein,

wie du bist

ich wünsch dir einen wunder-vollen tag

es ist auch nicht wichtig was du tust

und ob du etwas tust solange du dir was gutes tust
:-)

Viele suchen
im leben nach
dem grossen
los,
doch dass
leben, ist das
grosse los

Viele menschen fühlen sich unglücklich,
sehnen sich nach fülle, liebe, anerkennung,
wertschätzung..........

doch liegt es vielleicht auch nicht daran, dass
sie selbst nicht wissen was sie (wirklich)
wollen?

sie sehen nur was fehlt, oder was andere
haben, heut lust auf sonne, morgen auf ein
paar schuhe, urlaubsreise in die karibik......

kompensation und frust, werden zum
ständigen begleiter, oder können es werden.

was willst du wirklich? und möchtest du das
auch noch morgen oder übermorgen, oder in
zwei
wochen ,oder...

ich weiss viele menschen haben schon ganze
bücher geschreiben über das thema fülle,
viele menschen haben sich auch solche
bücher angeschaut und gelesen, dem autor
hat es wahrscheinlich fülle gebracht aber
dem leser?

sei nicht traurig über das was du nicht hast,
frag dich will ich es wirklich und aus reinstem
herzen?

denn wo ein wille, da ist auch ein wege

ein **möchte gerne**, reicht oft eben nicht aus,
ein wollen, aus überzeugung, kann da schon
hilfreicher sein

wenn du weisst was du willst, dann wird sich
irgendwo auch eine türe aufmachen, und die
musst du auch nicht suchen gehen oder
alleine aufstossen wollen, das geschieht dann
von alleine.

 glaube an dich und an deinen herzenswunsch

früher war alles leichter, alles so easy und einfach, unbeschwert.......

(hör ich immer wieder)

doch war das leben früher wirklich einfacher,
oder unsere einstellung dazu eine andere?

was hat uns verlassen,
der mut, oder ist es immer mehr die angst die uns lähmt?

und wozu die zeit zurückdrehen?
reicht es nicht wenn wir unsere gedanken von damals wieder aufnehmen?

*d*er mensch möchte
immer grosses
erschaffen
vergisst aber dabei,
wie viele kleine
dinge er schon
bewegt hat..............

:-)

*f*reue dich über das kommende
wochenende und was du alles
schönes tun wirst,
freue dich über den kommenden
sommerurlaub und deine freie zeit,
freue dich über die wärmere tage
die kommen werden,
freue dich über all die wunder-vollen
menschen die dir begegnen werden,
freue dich über all die zukünftigen
magischen momente die auf dich
warten
aber erinnere dich daran;

deine zeit ist **JETZT**.......
:-)

Zeit loszulassen und mal ganz bewusst den augenblick wahr zu nehmen , den atem zu fühlen, und all das schöne, in die gegenwart zu holen, tag für tag

das ende eines tages, ist nicht das ende aller tage
und genauso ist es wenn man etwas beginnt und es sich nicht so ereignet wie man anfangs gedacht hatte.
jeden tag werden die karten neu gemischt, und wer weiss vielleicht klappt es morgen oder übermorgen besser...........

never give up

ich wünsch dir einen ruhigen abend, zeit für dich was gutes zu tun, die gedanken , einfach in die sterne hängen und mit einem guten gefühl, den tag beenden und morgen.......
ja morgen schauen wir was es neues gibt

manchmal fällt es schwer, den sinn
hinter einer sache zu sehen oder
auch darin das positive zu erkennen.
schwarze tage, weniger erfolgreiche
momente..........
jeder von uns kennt sie
und plötzlich hat man das gefühl
dass alles schlecht ist, nichts wirklich
zu funktionieren scheint, ratlosigkeit
macht sich breit......
doch genau in diesen augenblicken,
erinnere dich, was du schon alles
gemeistert hast, was dir alles schon
gelungen ist.
erinnere dich an dein lächeln, an
abende mit freunden............

erinnere dich als kind, wie es war als du laufen lerntest, was hast du da für "unmögliche" kapriolen gemacht, hingefallen und doch wieder aufgestanden und weiter...............und weiter

niemand hat dir damals gesagt, vergiss es, das wird eh nie was, das schaffst du nie.............

deine eltern haben dich liebevoll motiviert und angelächelt

vergiss alle stimmen die dir sagen, das klappt eh nicht

auch damals als kleines kind, brauchte es keinen mut, vor an zu gehen............

vielleicht war es auch nicht der wille, der dich vorangetrieben hat

einfach der träumer in dir, der ohne viel zu überlegen, einfach gedacht hat,

 aufi gehts :-)

wenn du heute einen guten tag gehabt hast, sei dankbar dafür

und wenn du heute keinen guten tag gehabt hast, erlaube dir auch mal einen solchen zu haben und erinnere dich zurück an deine zeit

in der du laufen gelernt hast

Was immer du dir heute
vorgenommen hast
möge es dir gelingen
hör niemals auf an dich und
deine träume zu glauben
egal was andere dir sagen
strahle und leuchte wie die
sonne

sie durchbricht jeden nebel
egal wie grau es vorher
war.....

*j*eder tag hat was magisches, manchmal erkennen wir es nicht auf den ersten blick, was es ist und wenn mal alles nicht so zu laufen scheint wie wir es gerne haben möchten, kann dies nur eines bedeuten......

es ist zeit den fokus zu ändern, den blickwinkel, wieder auf das schöne, das magische, das lebenswerte zu richten :-)

*m*üssen wir alles hinnehmen und immer freundlich bleiben, nur weil wir spirituell sind?

ich glaube nicht dass dies unsere aufgabe ist, denn auch wenn wir uns für das spirituelle interessieren, so sind wir in erster linie auch lebewesen und erwarten, respektvollen umgang, nicht nur zu anderen, aber auch zu uns selbst. es gibt manchmal situationen wo man kämpfen muss, auch de zähne zeigen, solange man noch eigene hat ;-)
versteh mich nicht falsch, ich bin in erster linie auch immer für friedvolle lösungen eines problems, wenn es das gegenüber auch zulässt. das leben ist generell kein kampf. doch für eine gerechte sache lohnt es sich immer, sich einzusetzen. mit kämpfen, meine ich nicht die fäuste zu erheben. aber so, dass was immer geschieht du die gelegenheit hast, mit erhobenen haupt aus der geschichte zu kommen

Schicksaalsschläge gibt es immer wieder,

meist kommen sie kumuliert und unangemeldet
doch was tun, sich verschliessen und im
selbstmitleid ertrinken,
oder sich öffnen und den stier bei den hörner
packen?
verschliessen ist meist der erste schritt in die
isolation und mit jedem tag der vergeht hat man
den eindruck dass, immer weniger menschen
verstehen was du eigentlich sagen möchtest

die zeit ist voller überraschungen, was im ersten
moment wie eine bittere pille aussieht, kann
durchaus auch eine change sein, was neues zu
versuchen.

wer wir wirklich sind und was wir wirklich
wollen, haben wir wahrscheinlich schon
immer gewusst........
also erschrecke dich nicht dabei, wenn es im ersten augenblick nach einer bitteren pille
ausschaut...........die wahrheit ist nicht immer von
anbeginn an süss ;-)

heut ist eine gute gelegenheit
um einen guten gedanken zu säen.
nimm dir zeit und fühle in dich
hinein, was fühlt sich gut an?
was macht dich glücklich
lege den fokus bewusst auf das
was du möchtest, was dich er-
freut........ alle andere gedanken,
schieb sie zur seite und richte
deinen fokus auf was positives

schon bald kannst du vielleicht
ernten, was du heute gesät hast.
ich wünsch es dir von herzen

aus angst was falsches zu schreiben, schreiben viele menschen nichts. aus angst was falsches zu sagen, schweigen viele menschen.
brich das schweigen, leg deine angst ab und befreie dich und deine seele..........
es ist nicht wirklich wichtig, was andere menschen sagen oder wie sie dich wahrnehmen........

das spielt alles nur in deinem kopf ab

die ganze welt, scheint manchmal ein irrenhaus zu sein,
nur wer wirklich die
" **bekloppten** " sind..............
das weiss glaub ich niemand so
genau.

die meisten denken immer die
anderen sind es...........**doch das
denken die anderen auch**:-)

*W*enn jemand sport macht und über eine längere distanz, zum beispiel joggen geht und mal stehen bleibt dann nennt man das, eine rast einlegen, durchatmen, erholen pause machen.
betrachtet man das leben als sport , und bleibt man einmal stehen.............
wieso nennen wir das dann krise?
weshalb rennen immer noch viele menschen rastlos umher?
weil sie angst haben stehen zu bleiben?
nehmen wir die natur, als beispiel, könnte man den winter als "stillstand" betrachten.

doch genau diese ruhe braucht es um im frühling wieder alles zum blühen und spriessen zu bringen.

wenn es dir also an einem tag nicht so gut geht und du das gefühl hast, nix geht mehr, nix tut sich, dann denk daran, du befindest dich in keiner kriese........

du erholst dich lediglich um wieder neu zu erblühen ;-)

heut ist eine gute gelegenheit, zurück zu blicken auf all das was man schon im leben erreicht hat, überstanden und überwunden hat, dinge an denen man nicht zerbrochen sondern gewachsen ist, dinge die jeder schon mal erlebt hat, auch du.

sei für einen augenblick stolz auf dich, erlaube dir dich glücklich zu fühlen, schenk dir dein schönstes lächeln, knuddle jemand der dir nahe

ist, oder gib deiner freude
ausdruck in einer für dich
stimmigen form.......

das leben ist schön.

sei dich selber,
denn alle anderen gibt es
schon

Vergiss nie wie wunder-voll du bist,
ganz egal wie dich andere haben wollen,
irgendwann hast du mal entschieden, dass es so für dich stimmig ist, halt an deiner entscheidung fest und lass dich nicht verbiegen.

es ist dein weg, der niemand anders als du gehen kann, und niemand wird ihn je verstehen können, ausser dir.
geh nicht mit dem wind, sonst weisst du nie wo du am schluss landen wirst.
ganz egal wie steinig dein weg sein wird............du hast ihn dir selbst ausgesucht und
somit auch alle erfahrungen

es ist nicht der schmerz, der am schluss zählt, der wird vergessen sein, an dem tag wo du das ziel erreicht hast. wir alle reden vom ankommen............und vergessen dabei oft, dass wir doch
immer noch auf dem weg sind.

es gibt weit mehr, als erleuchtung, als guru s und den weg eines anderen nachzuahmen und zu hoffen denselben respekt zu erhalten oder die gleiche anerkennung. das hat auf dem weg des anderen geklappt, ob s auch auf deinem weg funktioniert?

wenn es so wäre gäbe es nur lottomilionäre;-)

sei stolz auf das erreichte, das was du aus dir gemacht hast und handle um weiter deinen weg mit erhobenen hauptes zu gehen.

kümmere dich nicht ob andere dich belächeln, oder über dich reden....................die meisten genies wurden irgendwann mal für bekloppt gehalten und viele bekloppte denken heute noch sie seien genies.........

es ist nicht eine frage der inteligenz,

sondern der sichtweise

Wenn jemand nicht das tut
was man erwartet, oder so
handelt wie man denkt das
jemand handeln sollte, sind
wir enttäuscht, verärgert oder
ziehen uns zurück........

die meisten streit-fälle
beginnen oder enden so.

im gleichen atemzug reden
wir von freiem willen, jeder so
wie er möchte, das verstehen
die meisten ganz gut, vor
allem wenn es um ihren
eigenen willen geht.

es ist die erwartungshaltung, die wir nach und nach ab zulegen versuchen sollten, den genau diese erwartungen sind das was nur geschehen kann, wenn alle mitspielen. und auf dauer wird das kein spiel der leichtigkeit sondern eine situation die sich immer weiter verhärtet und manchmal bis zur gleichgültigkeit sich ausdehnen kann. plötzlich werden menschen die einem wichtig waren gleichgültig, man denkt es zumindest oder das ego will es einem so verkaufen.....

wir sind alle eins, alle alles
und alle nichts..........

legen wir die erwartungen ab,
befreien uns von diesem viel
zu engem kostüm, erwartungen an uns, die uns vielleicht
seit unser kindheit prägen
und immer noch gegenwärtig
sind, erwartungen an andere.............

versuchen wir unser gegenüber zu verstehen, und
räumen wir ihm die freiheiten
ein, die wir selber auch bra-
chen, so werden wir uns
selbst auch verstehen

manchmal bedarf es wenig, einen glückmoment zu erleben,

wenn man die kleinigkeiten eines jeden alltags entdeckt, ist es wie das entfachen eines streichholzes, mit dem sich eine oder mehrere kerzen anzünden lässt, und aus einem kleinen stück holz , entsteht ein helles licht.

jage nicht dem streichholz hinter her, suche keine kerzen, erinnere dich daran, dass du schon längst im besitz von streichhölzer und kerzen bist, frage dich nicht weshalb du eine kerze anzünden sollst, mit wem zusammen oder wofür es sich lohnt eine kerze anzuzünden.

hege lichtvolle gedanken und geniess den augenblick, mit einem guten gedanken, und entdecke diesen zauber wieder neu.

fühle, was dich glücklich macht und beobachte dich dabei.

schau in den spiegel und lass deine herz das streichholz sein und deine augen die kerze.............

schenk **dir** dein schönstes

lächeln..............jetzt!

endlich wochenende, juuhu zeit runter zu fahren, und die freie wahl zu haben, dinge zu tun oder zu lassen, auszuschlafen oder früh aufzustehen. sachen hinterher zu rennen, oder einfach zu sagen, ne heut mag ich nicht. sich zu überlegen, was hab ich heute auch wieder geschafft,

oder was hat mich heute geschafft. oder sich ganz einfach von einem tagtraum, inspirieren zu lassen..............was immer du tust, oder lässt versuch die balance zu halten, und nimm dir zeit für dich,

wert-schätzung beginnt bei sich selbst. **sei es dir wert**............

Zeig der welt, wer du bist und nicht was du kannst,

dann wirst du für das was du bist und nicht (nur) für das was du tust geschätzt du brauchst niemandem zu "gehorchen", niemandem zu " genügen" und auch nicht jemandem "irgend-etwas-zu-beweisen „um dein wahres potential zu entdecken und zu fördern, brauchst du nur eins:

dir mit offenen armen zu begegnen wir wurden nicht geboren um, dass zu tun was andere von uns erwarten, das glück anderer über unser ei- genes zu stellen, wir sind hier um unseren weg gehen zu können.

manchmal vergisst man das
wieder und bleibt
ein wenig stehen.......

mach dich auf den weg, doch
bevor du die welt entdeckst,
entdecke dich selbst, fühle
was dich glücklich macht und
glaub mir es gibt weit mehr
als **schokolade** ;-)

*d*as leben ist nicht ungerecht, gemein, erfolglos, chaotisch oder schlecht............

es sind deine gedanken dazu

da um-zu-leben etwa schwierig ist, empfehle ich dir ganz einfach **um**-zu-**denken** :-)

die zeit ist reif, für einen guten gedanken..........

liebe dich für das was du bist gerade heute ist ein guter tag dir bewusst zu werden was du schon alles erlebt und überlebt hast

blick zurück auf höhen und tiefen die höhen waren schön, ja aber *die tiefen hast du alle überstanden*

schön dass es dich gibt

nobody is perfect

doch wer möchte schon (ein)

nobody sein?

es gibt keine erfolge oder niederlagen...

es gibt nur tage an denen dein ego **lacht**

oder tage an denen dein ego **weint**.......

d as *lebe* n

ist .....

JETZT

*W*enn du vor dem spiegel stehst, vergiss die tagescreme, die fettcreme, die nachtcreme, den coffeinroller , die anti-aging creme und..............

und schenk dir ein lächeln, das schönste lächeln das du hast.

und weshalb?

weil du es dir wert bist :-)

mach dir nicht zuviele gedanken, lass dich nicht stressen von 17 jährigen mädchen die in werbespots zu sehen sind für anti-aging produkte. oder models die dank fotoshop, so makellos sind dass sie es vorher selber nicht bemerkt hatten.

sich selbst zu lieben für das was sie sind und nicht für die produkte die sie nutzen

wieso?

weil wir es uns wert sind :-)

*i*ch wollt nie *geliebt* werden für das was ich tat,

ich wollt nie *verständnis* für das was ich tat

ich wollt nie *achtung* für das was schrieb

das einzige was ich wollte, war das zu tun was ich tun wollte,

weil ich einfach **spass** daran hatte das zu tun was ich tat manchmal braucht es mut, das zu machen was man will, aber es ist nicht wirklich so schwer wie man vielleicht anfangs vermutet

es gibt nichts schöneres als das zu sein was man ist

man wird eh nie zu dem was andere möchten und das ist gut so *i*st es manchmal nicht seltsam................

wenn jemandem nicht der norm entspricht, oder dem was andere meinen was die norm ist, dann spricht man von macken, die macken einer person.

ich seh das anders, es sind nicht personen die eine macken haben sondern **menschen** die sich die **freiheit** genommen haben, das zu **leben** was sie für richtig empfinden.

entdecke deine macken und sehe sie als persönliches markenzeichen, für das was du bist.

liebe dich für das privileg, so sein zu dürfen wie du bist und sei stolz darauf nicht so sein zu müssen, wie andere dich haben wollen.

*d*as schönste geschenk das man erhalten kann,

ist sich selber dabei zu ertappen, wie man von gefühl der

dankbarkeit, berührt wird

und das immer wieder........

wofür bist du **heute** dankbar?

*W*ünsch dir was, aus reinem herzen.............

warte nicht auf die glücksfee die dir 3 wünsche erfüllt und überleg dir nicht wem du alles mit deinen wünschen glücklich machen könntest.........

nimm dir zeit, ja der augenblick gehört dir, sich einen herzenswunsch auszudenken, und mit den farben der gedanken auszumalen........ ihn zu fühlen, den wunsch........

ob er ich erfüllen wird? ich kann es dir nicht versprechen, aber eines kann ich dir sagen.......alleine der gedanke, kann dir gut tun :-)

und ein guter gedanke ist fast gleich viel wert wie ein erfüllter wunsch. ja es ist nicht das ziel, aber der weg auf den man sich mental macht und sich einen moment für sich zu gönnen ist immer ein schritt in die glückseeligkeit.

heute, morgen und wann immer du möchtest.

ein schöner tag geht langsam zu ende,

 schön weil einfach alles so in einander verlaufen ist und gepasst hat, viele eindrücke nehme ich mit in die nacht. ohne zu hinterfragen oder erwartungen an den morgigen tag zu stellen.

einfach nur in tiefer dankbarkeit, das erlebt zu haben was ich heute erlebt habe.

die erkenntnis zu besitzen, zu wissen wie sich glücklich sein anfühlt. der bittere geschmack, längst vergossenen tränen sich abwechselt mit einem süssen geschmack. kraftvoll im jetzt zu verweilen und zu fühlen, es ist wurscht ob und was für einen wagen ich fahre, in was für einem haus ich wohne, eine gedankenwelt ohne zahlen, ohne werte, nur gefühle. gefühle der freude, an dem was man selber erlebt hat und die freude zu teilen, mitzuteilen, sich mit und für andere zu freuen.

die " kleinigkeiten" wie , ich lebe , ich bin gesund, ich bin da...........fühlen sich sooooooooooo gut an.

immer wieder , wie ein kleiner junge, sich zu freuen.

ein kleiner luftsprung, bringt schon meine gedanken zum hüpfen

vielleicht bin ich ein träumer..........

vielleicht ist mein traum aber real

die antwort darauf, interessiert mich nicht :-)

*je*der vom uns ist botschafter

botschafter des

lächelns , der

ermutigung. ....

welche botschaft übermittelst

du heute?

nicht alle menschen teilen dein gedanken oder sichtweise von dingen............

lass dich dadurch nicht entmutigen, es bedeutet nur etwas...................

dass du eine eigene meinung hast :-)

sei du der du bist und verstehe dich selbst. akzeptiere dass es auch andere meinungen gibt

und lass dir deine eigene nicht nehmen sei jedoch jederzeit bereit sie zu revidieren, wenn sie für dich, nicht mehr stimmig ist. was ich damit sagen will: es bringt nichts, seine meinung durchzusetzen um (sich) zu behaupten heut bin ich einfach zufrieden, alles ist gut so wie es ist, heut möchte ich weder was ändern, noch etwas suchen was nicht so gut sein könnte.

heut bleib ich in meiner mitte, und fühl mich wohl dort

was morgen ist, ist heut nicht wichtig

und was gestern war ist vorbei..........

*W*as immer du vorhast, lass dich nicht entmutigen.........

nerve dich nicht über verschlossene türen, **entdecke** die

faszination eines

anderen ***weg****es*

;-)

tue das was du gerne tun magst und lasse das sein was dir nicht zusagt. wir sind nicht hier um zu funktionieren oder gelebt werden warte nicht darauf, das dir jemand einen herzenswunsch erfüllt, beginne selber damit dir eine freude zu machen damit meine ich nicht das grosse stück kuchen nach dem essen ;-)

etwas das dein herz und deine inspiration beflügelt

deine zeit ist jetzt- nutze sie

*m*anchmal **denk**st du, und manchmal **tust** du
manchmal **denkst** du ohne zu tun und manchmal **tust** du ohne zu **denken** und wenn du mal etwas tust **ohne** zu **denken**, denkst du am **schluss**:

hab ich das wirklich getan das hätte ich nie gedacht ;-)

was immer du heute machst oder denkst.....ich wünsch dir einen schönen, **unbeschwerten**, leichten **tag**

Wir denken über das leid anderer menschen nach, drücken den anderen die daumen das ihnen dies und jenes gelingt. wir freuen uns wenn andere was erreichen. wir hoffen für andere, wir beten für andere, wir denken an andere, wir helfen anderen................
doch was ist mir dir? es ist nicht egoistisch auch mal an sich zu denken, für sich die daumen zu drücken oder sich für das was man heute erreicht hat zu freuen. nimm dir einmal am tag zeit für das wertvollste das es auf dieser erde gibt.

zeit für...............**dich** ;-)

Wir glauben glück bedeutet, das grosse los zu ziehen, im lotto zu gewinnen, damit uns danach das geld glücklich machen darf / soll. oder einen seelenpartner, der es für uns " richten " soll, anzutreffen.
doch jeden tag aufzustehen, einfach da zu sein, erfahrungen zu sammeln, zu atmen, zu lachen und all diese wunder-vollen kleine geschenke die uns das leben bietet, das ist das wahre glück und die option aus jedem tag einen besonderen machen zu dürfen..........

welches geschenk hast du heute bewusst **wahrgenommen**?

Wer angst vor **veränderungen** hat, findet sich irgendwann mal im vakuum des stillstands wieder................... und wer möchte ein leben lang immer 12 jährig sein?

jede phase, jeder abschnitt hat seinen hauch **magie**, veränderung bedeutet auch neues in sein leben einzuladen. veränderung ist nicht immer das ende einer sache, es kann auch eine fortsetzung einer bereits wunder-vollen sache sein............

man kann anderen nur verzeihen, wenn man in der lage ist sich selbst zu verzeihen........

alles andere ist nur eine ***verlagerung***

der "schuld"

Wasser ist für uns menschen wichtig, wir sollen viel wasser trinken, können uns mit wasser waschen, damit kochen, geniessen es im wasser zu schwimmen usw, doch wieso gönnen wir es der natur nicht? und nerven uns wenn es mal ein paar tage regnet? gedörrte früchte, wachsen nicht ;-)

die natur hat keinen getränkehandel, die natur ‚ist ‚der getränkehandel in diesem sinne, lassen wir es doch einfach friedlich regen und machen das beste aus dem tag *h*ab nicht angst vor veränderungen:

wer in der vergangenheit lebt und von der zukunft träumt

wird nie aus diesem vakuum herausfinden   sei bereit auch neue wege zu gehen, jeder schritt ist ein **anfang**, niemals ein ende :-)

*d*as **glück** ist doch so nahe, oft suchen wir es viel zu weit, frage dich nicht was oder wer könnte dich glücklich machen. was dich ausmacht sind nicht deine schuhe oder dein auto sondern die art wie du mit dir **selber** umgehst.

erwarte keine lieben worte von anderen, sondern behandle dich selber als was wert-volles.
denn es sind nie die anderen die dich verletzen, sondern deine eigene gedanken die schmerzen.

werde dir, jetzt, **bewusst** wie wunder-voll **du** bist

*V*iele menschen überlegen sich was sie tun müssen um das zu werden was sie nicht (wirklich) sind, andere denken dass so wie sie sind, nicht verstanden oder geliebt werden, nur die wenigsten tun dass was sie wirklich machen wollen, geben sich so wie sie sind..........

das leben ist wie ein film, jeder kann darin die hauptrolle spielen, nur einige glauben nur als statist geeignet zu sein. entscheide dich bewusst, deine lebensqualität zu verbessern, dazu brauchst du keine statussymbole, ein lächeln reicht für den start in den tag aus ;-)

*e*s ist nicht deine hautfarbe, deine religion, dein job oder dein vermögen dass dich glücklich macht....................

sondern die art wie du dir selbst begegnest

*d*er grösste **unsinn** im leben ist......

sich ständig nach dem **sinn** einer sache zu fragen..........

just do it ;-)

Was nichts kostet ist nichts wert..............
falsch,

wer **nicht schätzt was** ihm das **leben** jeden tag **schenkt**

ent-wertet viele **wundervolle dinge**

herzblut kann man nicht kaufen, aber man kann es jeden tag so viele

dingen die man tut **beifügen**

*W*ir können menschen nicht verändern, wir können nur

lernen sie zu verstehen

den hand auf s ♥ wer möchte schon verändert werden....................

wenn es immer noch so viele menschen gibt die " nur"

endlich verstanden werden möchten

*W*as gibt es

schöneres als jeden abend glücklich

einzuschlafen?

genau,

glücklich

aufzuwachen :-)

Wenn ein artist über ein seil balanciert, dann ist es atemberaubend, spannend, mutig .wir schauen zu jemanden hinauf. das leben ist balance und wenn du selbst einen balanceakt vollbringst, dann ist es......schwierig, manchmal nervig, schwer, problematisch, kritisch.......und / oder wir tun es einfach. dazu braucht man keine standig ovation, selbstliebe und vertrauen reichen aus.
erkenne das göttliche in dir, wir brauchen keine neuen helden, nur etwas mehr selbst-vertrauen

Während einige nicht wissen was sie anziehen sollen und in ihrem kleiderschrank suchen, wünschten sich andere sie hätten einen kleiderschrank mit inhalt. einige fragen sich, ob sie gescheitert sind und vergessen dabei, das sie etwas probiert haben. ein schritt zurück, muss kein misserfolg sein, man kann sich dabei auch neu orientieren. das wichtigste ist, das wir nie vergessen, das wir in einem land leben das uns **möglichkeiten** bietet, wir brauchen sie nur zu er**greifen**

*e*s ist besser ein grund zum lachen zu haben,

als etliche um sich zu sorgen

Sollst du jemanden überzeugen von dem was du tust oder denkst?

nein, du solltest von dem was du denkst und tust überzeugt sein ;-)

*l*iebe dich selbst, so wie dich noch nie jemand zuvor geliebt hat. erwarte nicht dass dich jemand glücklich macht, fang am besten heute gleich damit an, dich selbst glücklich zu machen, nicht nur heute oder morgen.......

beginne zu leben, statt gelebt zu werden. das leben bietet soviele optionen, jeden tag, wenn man es selber in die hand nimmt.

es gibt immer ein besser oder schlechter, jemand der mehr oder weniger von dem oder diesem hat ....verliere deine gedanken nicht zu sehr in diese richtung. nichts ist so kraftvoll wie das jetzt.es gibt bestimmt eine zeit um sich zu orientieren, vergiss dabei nicht dass :

nichts in bewegung kommt, solange du stehen bleibst :-)

mein dank gilt:

den **menschen**

- die mich belächelt haben, den ihr habt mich motiviert, meinen weg weiter zu gehen

- die immer zu mir gehalten haben. ihr gabt mir dann noch den halt, wenn ich dachte den boden unter den füssen zu verlieren

- die mich oft auch kritisch wieder in das hiesige universum zurück geholt haben

- die vor mir, an mich geglaubt haben

und den **wesen**, die…

- mich haben fliegen, aber nie abheben lassen ☺
- mich jederzeit unterstützt haben

grazie thanks
mercie danke

weitere infos über den autor

www.lebensfreude.li

kontaktaufnahme und feedback bitte an

roberto@lebensfreude.li